Da bist du ja!

Die Liebe, der Anfang – allüberall

Lorenz Pauli und Kathrin Schärer

»Wie war das am Anfang?«,
fragte das Kleinere.

»Was genau?«, wollte das Größere wissen.
»Meinst du den Anfang der Geschichte?
Oder den Anfang der Welt?
Oder den Anfang aller Gedanken?«

»Unser Anfang!«, sagte das Kleinere.
»Wie hat alles mit uns angefangen?«

Das Größere dachte nach:
»Plötzlich warst du da.
Und dann habe ich gesagt:
›Nanu, da bist du ja endlich.‹
Und du hast geschaut und …
RUMMMMMS, kam diese Liebe.
So groß, dass sie
niemals Platz in mir hat.«

Das Kleinere staunte.
Denn das Größere war sehr groß.

Das Kleinere dachte nach:
»Und ich glaube, ich habe damals gespürt:
Genau hier bin ich richtig.
Hier bin ich wie das Wasser im Meer.
Oder wie das Blatt am Strauch.
Oder wie ein Stern in der Nacht.«

»... wie ein Stern in der Nacht ...«,
wiederholte das Größere. »Das ist schön.«

»Und das mit Wasser und Meer oder
Blatt und Strauch: Gefällt dir das nicht?«,
fragte das Kleinere.

»Nur ein bisschen.« Das Größere lächelte.

Auch das Kleinere lächelte:
»Ich mag, dass du nicht alles magst.
Auch wenn es manchmal schöner wäre,
wenn du nicht so genau wärst.«

Dann waren beide still.

Lange still.

Schließlich wurde das Kleinere unruhig.
»So war das also am Anfang.
Und wann hört der Anfang auf?
Hat alles, was einen Anfang hat,
auch ein Ende?«

»Nicht alles hat ein Ende.
Wir haben einen Anfang, und wir haben ein Ziel.«

»Erzähl mir vom Ziel!«, rief das Kleinere.

»Ich glaube, das Ziel ist, immer wieder
ein kleines Stückchen Anfang zu finden.
Ich liebe dich schon morgen wieder
neu und anders.«

»Und wenn ich mich verändere?«,
fragte das Kleinere.
»Liebst du mich dann mehr?
Oder vielleicht weniger?«

»Nein. Ich liebe dich einfach.
Immer.
Ich glaube, das kommt von ganz tief innen.
Und ich liebe etwas ganz tief in dir drin.
Dort, wo sich nichts ändert. Wie ein Kern.«

»Ein Kirschkern?«

»Ja.«

»Aber der verändert sich.
Daraus wird ein Baum.«

»Jetzt bist aber du sehr genau«,
lachte das Größere.
»Aber du hast recht:
Wo man etwas wachsen lässt,
da wächst etwas.«

»Ich mag Kirschbäume«, sagte das Kleinere.
Das Größere nickte.

Dann schwiegen sie zusammen.

Das Kleinere umarmte
einen Teil des Größeren.

Das Größere
umarmte das Kleinere.
Sehr, sehr vorsichtig.

Lorenz Pauli (Text), Kathrin Schärer (Bild): Da bist du ja! Die Liebe, der Anfang – allüberall

www.atlantisverlag.ch

Detaillierte bibliografische Daten sind abrufbar über http://dnb.de

Typografie: Manuel Süess, Zürich. Lithos: Photolitho, Gossau-Zürich. Druck: Grafisches Centrum Cuno, Calbe
ISBN 978-3-7152-0690-5 6. Auflage 2022 (mit neuem Titelmotiv)